LYRIK MAL PI

Christine Keller

LYRIK MAL PI

Eine Prinzessin hat viele Gesichter

Bibliografische Information der Deutschen Nationalbibliothek:

Die Deutsche Nationalbibliothek verzeichnet diese Publikation
in der Deutschen Nationalbibliografie; detaillierte bibliografische
Daten sind im Internet über http://dnb.dnb.de abrufbar.

Satz, Umschlaggestaltung, Herstellung und Verlag:
BoD – Books on Demand, Norderstedt

ISBN: 978-3-7494-7737-1

Wer seine Mitte nicht verliert, der dauert *(Laotse)*

LYRIK MAL PI – EIN SEELENMANDALA

Wie kommt es, dass sich der Mensch als Einheit und gleichzeitig als unglaublich vielfältiges Wesen erlebt?

Mit diesem Paradox setzt sich »Lyrik mal Pi – eine Prinzessin hat viele Gesichter« auseinander. Der Kreis ist ein mächtiges Sinnbild und Schutzsymbol. Man kann sich auf ihm bewegen, dennoch bleibt sein Zentrum stabil.

Die *Prinzessin* repräsentiert in diesem Zyklus das Kreiszentrum. Das schöpferische Zentrum eines Menschen erscheint als königliches Kind, welches voll Staunen sein täglich neues Gesicht betrachtet.

Jeder Kreis ist abhängig von einer mystischen Zutat: der Zahl Pi. Pi entzückt, verwirrt und entzieht sich unserer Ratio.

Ein Geheimnis wie Pi steht auch hinter dem Schreiben von Lyrik. Gedichte sind keine »normalen Texte«. Sie zu schreiben bedeutet aus einer irrationalen Quelle zu schöpfen.

Anmerkungen zu Form und Inhalt:

In »Lyrik mal Pi« verzichte ich bewusst auf Seitenzahlen und ein konventionelles Inhaltsverzeichnis. Das erste Gedicht dient als Programm und beginnt den folgenden Kreistanz.

»Nocturneprinzessin«, »Telefonprinzessin 3« und »Barfußprinzessin« sind leicht bis stark überarbeitete Gedichtversionen aus meinem Lyrikband:

Lass zwei Kirschen IN ZEITLUPE in Schokokrem fallen (2017, Eigendruck)

Die Pi-Prinzessin

Im Spiegel zwei Augen,
in ihnen das dunkle Königspaar.
Links die Königin, rechts der König,
die Eltern ihrer Gedanken.
Sie muss ihnen entkommen,
und murmelt
die heilige Zahl Pi.
Dreikommaeinsviereinsfünfneunzweisechsfünfdreifünfacht-
neunsiebenneun
Dreizweidreiachtviersechszweisechsvierdreiachtachtdreizwei-
siebenneunund
immersoweiterinalleEwigkeit.
Zahlen werden Namen,
die sie umkreisen
in unendlich vielen Weisen.
Die Prinzessin mit ihrem Wort
im Zentrum, am stärksten Ort,
ist die Drei,
die Ode an ihr inneres Kind,
die Gebärende,
die Verwandlerin
einer Abendprinzessin in eine Nachtprinzessin in eine Frei-
heitsprinzessin in eine Kaffeeprinzessin in eine Und-Prinzes-
sin in eine Morgenprinzessin in eine Geschichtsunterrichts-
prinzessin in eine Feenprinzessin in eine Farbenprinzessin in
eine Nocturneprinzessin in eine Konsumprinzessin in eine
entronnene Prinzessin in eine gestörte Prinzessin in eine
Augustprinzessin in eine Prinzessin als Herbstruferin in eine
Halloweenprinzessin in eine Angstprinzessin in eine Pausen-

prinzessin in eine Preisprinzessin in eine Barprinzessin in eine Barfußprinzessin in eine Spiegelprinzessin in eine Telefonprinzessin in eine Elsternprinzessin in eine Windprinzessin in eine Prinzessin als Spaziergängerin in eine Regenprinzessin in eine Prinzessin als Kofferpackerin in eine Alptraumprinzessin in eine Eisprinzessin in eine Nebelprinzessin in eine Frühlingsprinzessin in eine Wunderprinzessin.

Unendlich viele Gesichter
sind immer sie.
Die Prinzessin lächelt:
Das ist Lyrik mal Pi.

Abendprinzessin

Zwei Wolken ziehen vorbei
und in den Abend,
zwei Schneckenwolken –
wer sie sieht,
hat zwei Wünsche frei.
Unter dem herbstlichen Essigbaum
ruht die Prinzessin
und erholt sich
von den Strapazen des Sommers.
Statt zu wünschen
versinkt sie im Meer
der gefallenen Blätter
und fragt sich nach den Träumen
von ihrem Prinzen.
Sie weiß nicht mehr,
heisst er *Nevermore*
oder *Moreandmore?*
Ihre Träume verweigern eine Antwort.
Nur die Wolken ziehen weiter,
zwei Schnecken – parallel und heiter,
während die Prinzessin stumm
die Küsse des Prinzen zählt,
die wahren und die erfundenen,
die gelben und die roten –
wie im Moos
die Blätter des Essigbaums.
Die Wolken sind verschwunden.
In diesem Augenblick
ist auch der Himmel
orientierungslos.

Nachtprinzessin

Mit ihrer Freikarte
setzt sich die Prinzessin
ins Mondboot,
Eigentum des Amtes
für Illusion und Desillusion,
und gleitet davon.
Der Canal Grande
ihrer Gefühle
führt nach Westen,
und sie wirft ihre Karte
ins Chaos
der beginnenden Nacht.
Rechts und links
streckt sie eine Hand aus,
sie kann nicht anders,
denn sie liebt Ufer.
Ufer sind ihr
irgendwie verwandt.
Der Raum fühlt sich an
wie Samt,
dunkel und gespannt.
Wörter blitzen auf
zwischen ihren Fingerkuppen
mitten im Himmelslauf –
sie wollte,
es wären Sterne.

Freiheitsprinzessin

Sie öffnet das Fenster:
Die Geschichten
des Tages
sind Tauben,
sie entfliegen
dem Schlag.
Geschichten
von ihr
oder nicht?
Kaum zu entscheiden.
Es flieht auch das Licht.
Jetzt werden
Gedanken
zu Dämmerung
und Worte
zu Nacht.

Kaffeeprinzessin

Die Playlist
im Kopf
auf endlos gestellt.
Die Nacht
im Eimer.
Als einfache Prinzessin
bittet sie
ihren Diener, welcher,
als Maschine getarnt,
schwarz-elegant
vor sich hinbrummt,
um ein Zeichen.
Ihre Hand
ein Tentakel,
der Kaffee
das Orakel:
Sie hofft,
das Schäumchen
macht Sinn.

UND-Prinzessin

Schatten,
Kinder des Schreckens,
spielen Verstecken,
bis sie die Nacht
verschluckt.
Doch in der Mitte
der Schwärze
überquert sie als UND
den AbgrUND.
Mut
ist ihre Brücke.

Morgenprinzessin

Der Himmel
atmet Licht,
die Schatten wandern
und die Toten gehen heim.
Träume sind ihr Rahmen,
wenn die Prinzessin
am Fenster steht.
Hinter Kiefernzweigen
steht sie
still,
horcht den fernen,
ganz feinen Lauten,
die plötzlich knattern,
zum Flügelschlag werden –
ganz nah.

Geschichtsunterrichtsprinzessin

Gleich kippt sie
vom Stuhl,
ihr Geist
in Trance.
Gleichförmig
die Jahre,
die sich ergießen
aus dem Mund vor ihr.
Kurz vor dem Kippen
ein Schrecken,
ein Blitz.
Sie blickt
in ihr Heft:
Schlachten,
Verträge,
Frieden
und Tod,
Grenzen,
neu abgesteckt.
Das Ende naht,
das Ende der Stunde.
Vollkommen erschöpft:
Füller,
Textmarker,
Tintenkiller dazu.
Die Prinzessin denkt:
Was ist Geschichte,
wenn nicht die Folge
selbstverschuldeter
Erkenntnislosigkeit?

Feenprinzessin

Um Mitternacht,
Punkt Mitternacht,
erscheint die Nachbarschaft
unter einem Splitter von Mond.
Wasservölker,
Wolkenwesen
und am Fenster
Wacholdergespenster.
Um Mitternacht,
Punkt Mitternacht,
sind grüne Geister
und Eulen Meister.
Sie halten das Haus,
es atmet ein und aus.
Sträucher wandern
und werden zu Hecken,
in denen Regenzwerge
sich verstecken.
Um Mitternacht,
Punkt Mitternacht,
lärmt der Westwindonkel
auf dem Dach.
Die Rinne
zaubert einen Bach.
Der Fuchs, er trinkt
und findet einen Traum
und trägt den Traum zum Apfelbaum.
Dort sitzt die uralte Prinzessin,
sie ist eine Fee,
und spinnt Gedanken,
die silbern um die Nacht sich ranken.

Farbenprinzessin

Im dunklen Kleid
verliert sie sich in der Nacht.
Im roten Kleid
brennt sie.
Im grünen Kleid
wachsen ihr Blätter.
Im Licht
trägt sie ein Kleid
aus sich selbst.

Nocturneprinzessin

Schon viele Jahre
wandert der Mond
durch die blaue Straße,
vorbei
am Schatten
einer alten Lärche,
vorbei
an einem leeren Elsternnest.

Doch diese Nacht
hört er
die Prinzessin –
sie spielt Klavier
auf allen schwarzen
und einer weißen Taste,
ihm, Monsieur Mond, zu Ehren
spielt sie den Westsüdwest.

Es riecht nach Regen,
und keiner weiß:
Ist das Ende traurig
oder ist die Traurigkeit zu Ende?
Werden die Töne
fliehen,
oder wird man sie
verstehn?

Konsumprinzessin

Liebste Prinzessin!
Dürfen wir Ihnen
ein Angebot unterbreiten?
Speziell auf Sie zugeschnitten,
auf Sie
und niemand anderen?
Mit Geheimcode?
Mit Rabatt?
Mit Wettbewerbsteilnahme?
Garantiert mit Garantie?
Liebste Prinzessin!
Nur heute noch
erwartet Sie dieses Angebot
in allen Filialen der Welt.
Liebste Prinzessin!
Sie können uns dieses Angebot
bei Gefallen und Nichtgefallen
einfach oder mehrfach
zurückschicken!
Das ist der Sinn
unseres Sale-Special-Angebots.
Und genau SIE haben wir dazu ausersehen,
persönlich,
nachhaltig
und innovativ
zu profitieren!
Allerliebste Prinzessin!
Greifen Sie zu!
Sagen Sie JA!

Die entronnene Prinzessin

Entronnen
der gelieferten
Wutpizza,
der Ka-Fee
von nebenan,
den Blicktötern
auf dem Überholstur,
der Javel-Queen
auf dem Klo,
den Zumba-Zombies
im Fitnessraum,
der Zebraha
bei der Ampel,
die sie immer so
perklecks angrinst.

Gestörte Prinzessin

Die Grillen haben's vergeigt.
Alles flieht.
Die Motorsäge kreischt
durch Stämme und Äste.
In einem Shirt
von gewaltig gelber Farbe
wacht der Nachbar
auf dem Balkon
über alles, was flieht:
Vögel,
Maden,
und Igel.
Ein Garten wird umgebaut.
Gleich neben der Prinzessin,
nun einer gestörten Prinzessin,
wird Erde neu formatiert,
dass selbst die Sterne nachts
nichts mehr finden
von dem, was war.
Alles flieht.
Nicht mal ein neugieriger
Vorstadtwind will bleiben.
Der Lärm ist Herr über
Seufzer,
Rülpser,
Miauen
und Bellen,
über alle Handyquellen
weit herum.

Augustprinzessin

Zweieinhalb Straßen entfernt
im Osten
ruft eine Handvoll Kinder
den rosa Schimmer herbei,
während
spanische,
türkische,
italienische
und kroatische
Staubsauger
die Nacht entsorgen.
Spatzen
durchdringen Hecken
in Fliegerformation.
Ein Rasenmäher
rattert
in Gras-Moll
vorbei und vorbei.
Da!
Die ersten
Einkaufswagen rollen,
denn der Konsumhimmel
hat sich erbarmt
und seine Tore eröffnet.
Die Prinzessin
auf Balkonien,
das Gesicht im Morgenwind,
wacht über ihre Sonnenblume –
wie über ein Kind.

Prinzessin als Herbstruferin

Den Herbst,
sie ruft ihn herbei:
ihn, den Gott der Zwetschgen,
den Blattvertreiber,
den Vernebler der Gedanken,
den Drachenwerfer
in alle Windrichtungen,
den Häuserverdreher,
der das Außen nach innen kehrt,
den Kalten mit dem Holzrauch,
den Alten mit dem Zwetschgenstrudel,
den Kahlen in den Bäumen,
den Schneetreiber,
der das letzte Blatt abholt
vom Zwetschgenbaum.

Halloweenprinzessin

Die Nacht ist finster,
voll Puppen, voll Gespenster.
Man sieht sie von ferne
als irre Wundersterne.

Ein Kürbismond, rötlich und voll
ist vor die Tür gestellt:
Was vergessen werden soll,
zieht durch die Welt.

»Das letzte Wort
ist immer das schönste«,
meint der alte Apfelbaum
vor dem Fenster wie im Traum.

Hier lebte die Prinzessin
schon als ein kleines Kind.
Der rote Vorhang weht dahin
im einunddreißigsten Oktoberwind.

Sie öffnet ihre Hand:
Eine Murmel, blau geädert, liegt darin,
die laut und hämisch lacht,
und rollt und rollt quer durch die Nacht.

Angstprinzessin

Sie ruft:
Oh, meine natürlichen Freunde!
Wo seid ihr geblieben?
Du, Rindensteinfichtenzwerg?
Du, Mondtautraumfürstin?
Du, Rehfinkenwaldmeistertrinker?
Und du, Hagebuchwindrosenbuschbachgeist?

Und sie erkennt:
Weil ich euch nicht mehr finde,
euch, meine natürlichen Freunde,
habe ich Angst vor der Angst –
und nicht nur Angst
vor meinen natürlichen Feinden:
Vor dir, dem Plastikgrillwäscheständergott!
Vor dir, der Phonetonkamasturakreditkriegerin!
Vor dir, dem Shoppingwandlungskalorienverbrenner!
Und vor dir, der Putzwunderschrankfachspezialeinheitskraft!

Pausenprinzessin

Sie bittet um Entschuldigung.
Es geht gleich weiter.
Sie muss nur schnell
aufs Klo –
oder so.
Sie bittet um Entschuldigung.
Auch ein Vorwand
ist nur eine Wand,
um sich kurz zu verstecken.
Es geht gleich weiter.
Diese Zeilen sind nur Vorarbeiter.
Entschuldigen Sie!
Manchmal ist das Leben
mehr Pflicht
als ein Gedicht.

Preisprinzessin

Sie weiß:
Der Preis ist heiß.

Sie weiß:
11,90 ist ein brisanter Preis.
Für 0,99 kriegt sie ein Billigeis,
für 3,30 himmelblaue Lügen,
und 9,95 kostet
ein mittelmäßiges Vergnügen.

Sie weiß:
5,00 ist unvorstellbar real,
2570,75 total fatal.
1,00 hat Flohmarktgeruch.
Und für 66,66 gibt's
ein Handy mit Fluch.

Sie weiß:
Für 200 kriegt man nen Extrabon,
für 0,20 nur ein Bonbon.
Für 690 wird Frau chic und fein,
und für 99,99 dasselbe,
nur jenseits des Rhein.

Es wird ihr so heiß:
Für 2,00 gibt's ein Ticket aufs Klo,
für 999 eins nach Tokio.
2,30 kostet ein mieser Salat,
und 320 pro Stunde
verlangt ein Advokat.

Sie weiß, sie weiß:
Nichts ist so heiß
wie der Preis, der Preis!!

Bar-Prinzessin

Die Prinzessin sitzt
an der Bar
zwischen
Chrigi und Tigi,
Schrecki und Gecki,
Schicki und Micki,
Gacki und Macki,
Müsli und Pfüsli,
Gurki und Lurki,
Popsi und Schnopsi,
Fifi und Hifi,
Schmatzi und Latzi,
Schnapsi und Tatzi,
Furzi und Murksi,
Mähni und Zähni,
Pilli und Billy,
Lalli und Galli,
Lari und Fari,
Märi und Bäri,
Glucksi und Fuxi,
Lufti und Kussi,
Grufti und Schlussi.
Wie wahr
und wunder-bar:
Einzig die Prinzessin
macht sich rar.

Barfußprinzessin

Bar jeden Verstandes
sind Füße,
doch wissend:
Bäume, selbst Gräser
haben Geschichten.
Wege verzweigen sich
und kehren manchmal zurück.

Bar jeden Verstandes
sind Füße,
doch gehend:
Flüsse streben im Kreis
von der Erde zum Himmel,
und vom Himmel zur Erde.
Wanderer werden
beschützt
von Bergen, Zwergen, Drachen
und funkelndem Lachen.

Bar jeden Verstandes
sind Füße,
doch spürend:
Sie baden im Grün.
Sie werden gewärmt.
Sie werden gewaschen.
Sie bleiben
vor jeder Blume stehn.

Spiegelprinzessin

Der Spiegel,
Tür
zur Zwillingswelt,
in die ein Blick
als Frage fällt.

Eine wie sie
tritt hervor
und flüstert ins Ohr:
Du kannst
nicht zurück!

Auf beiden Seiten
der Tür
stürzt der Atem heraus
mit silbernen Schwingen
aus dem Gewohnheitshaus.

Das ist der Spielverlauf:
Nichts bleibt am Stück,
kein Tag und kein Glück.

Telefonprinzessin (1)

Zwischen zwei Donnerschlägen
am Ende der Party
schwappt links das Glas über,
rechts klingelt das Handy.
Es ist Bombay-Bambi,
der Dandy!
Er hat sich verwählt,
kennt sie
nicht mal von Twitter.
Sie sprechen dann trotzdem:
Prinzessin und Ritter.
Mitten im Gewitter
strömt Regen ins Glas,
und der Campari schmeckt
gar nicht mehr bitter.

Telefonprinzessin (2)

Eine Nummer
bringt stets nur Kummer.
Das weiß die Prinzessin
und verabscheut die Wahl.
Der Zufall
kennt keine Zahl,
nur die Vorwahl
des Schicksals:
die Null so frisch,
die Sieben so magisch,
die Sechs oder Neun,
beide leicht tragisch.

Telefonprinzessin (3)

Es regnet,
und aus Solidarität
mit Sonnenblume
und mit Aster
weint ihr Handy
7000 SMS
in Gelb
und 7000 SMS
in Lila
in ihre Hand
aus Alabaster.

Elsternprinzessin

Vorbei ist der Regen.
Sie schaut hinaus
und hinein in ihr Herz,
denn ihr Herz ist ihr Haus.

Wie oft nahm sie
Rot,
sie war noch ganz klein.
Die Eltern beharrten:
Nimm Blau, nimm Blau!
Du bist eine Frau!
Doch sie wollte nicht sein
so blau wie ein Pfau!

Sie sinnt,
die Prinzessin am Fenster:
Es tropft und tropft.
Die Eltern sind Gespenster,
während die Elster,
Orca der Lüfte,
vom Ginster
im Garten
auffliegt und klopft –
mit dem Schnabel
wie mit einer Gabel
an ihren gläsernen Traum.

Windprinzessin

»Komm«,
säuselt der Wind.
»Komm,
steig auf eins meiner Pferde,
und wir blättern
im Buch
deines Lebens!«
»Komm«,
und die Prinzessin
duckt sich
tief in die Mähne,
oder Glückssträhne,
denn wer reitet,
den zertritt man nicht.
Hufe trommeln:
»Lass einfach los,
du dummes Kind!«
Wälder und Wellen
werden auch zu Pferden
und bäumen sich auf.
Wolken flattern:
»Surrender, surrender!«
Der ganze Himmel
wird ein einziges Buch.
Die Prinzessin fliegt,
überspringt Seiten
nach hinten und vorn,
reitet
um die Wette,
und sprengt jede Kette
auf ihrem Pferd aus Wind.

Die Prinzessin als Spaziergängerin

Schritte
kommentieren die Mauern.
Wenn man genau hinsieht,
sind es Häuser.
Immer dieselben Häuser,
doch sie bleiben stumm.
Häuser,
auch wenn sie hier thronen,
sind ihre Türen
Dämonen,
fast immer verschlossen,
mürrisch, verdrossen.
Dagegen heiter
die Versammlung
der Hornveilchen
an der Hundepissecke.
Eine Eidechse huscht vorbei.
Eine Schnecke kriecht mit Geschick:
Jägerin des Augenblicks.

Dann geht sie weiter,
die Prinzessin,
versteckt sich
im Gehen.
Schritte zementieren
ihre Gedanken
bis zur Unkenntlichkeit.
Die Straße ist grau,
grau wie die triste Unendlichkeit.

Regenprinzessin (1)

Zwei Hände
zusammen:
die älteste Schale
der Welt.
»Pinot Grigio«
ist der Name
der Wolke,
der Wolke
über ihr.
»Pinot Grigio«
weint mit ihr
um die Wette,
legt
eine Regenkette
in ihre Hände
und löst sie
gleich
wieder auf.
Der Regen
ist wie alles:
Er nimmt
seinen Lauf.

Regenprinzessin (2)

Sie kommt von Westen,
geht durch die Straße
bis in die Nacht.
Gut, dass der Garten
die Blumen bewacht!
Erst trommelt sie leise,
dann eindringlich laut,
bis ihr Staccato
an alle Scheiben haut.
Sogar die Amsel
wechselt erschreckt
vom Sopran in den Alt
und hält sich bedeckt,
denn Amselfüße
voll Regen sind kalt.

Sie geht durch die Straße,
peitscht Bäume mit Wucht,
treibt alles mit Beinen
zur hastigen Flucht.
Vor ihrem Rauschen
fliehen Häuser nach oben,
um an Wolken zu lauschen:
Wird es noch dauern –
ihr Rauschen und Toben?

Sie geht durch die Straße,
und klopft bald verzweifelt
an jede Tür.

Doch nicht mal die Regentrude
kommt herfür!
Was bleibt ihr übrig?
Sie geht aus der Stadt –
und regnet und regnet
auf jedes Gras, auf jedes Blatt.

Die Prinzessin als Kofferpackerin

Sie packt ein:
einen schlafwandelnden Anzug.
Sie packt ein:
einen schlafwandelnden Anzug und zehn Paar Socken für
kalte Nächte.
Sie packt ein:
einen schlafwandelnden Anzug, zehn Paar Socken für kalte
Nächte und diese indigo Tabletten mit viel Glitzer drauf.
Sie packt ein:
einen schlafwandelnden Anzug, zehn Paar Socken für kalte
Nächte, diese indigo Tabletten mit viel Glitzer drauf und den
Song des Mondregenbogens.
Sie packt ein:
einen schlafwandelnden Anzug, zehn Paar Socken für kalte
Nächte, diese indigo Tabletten mit viel Glitzer drauf, den
Song des Mondregenbogens und eine App für Gestrandete.
Sie packt ein:
einen schlafwandelnden Anzug, zehn Paar Socken für kalte
Nächte, diese indigo Tabletten mit viel Glitzer drauf, den
Song des Mondregenbogens, eine App für Gestrandete und
eine rosa Tube für jede Gelegenheit.
Sie packt ein:
einen schlafwandelnden Anzug, zehn Paar Socken für kalte
Nächte, diese indigo Tabletten mit viel Glitzer drauf, den
Song des Mondregenbogens, eine App für Gestrandete, eine
rosa Tube für jede Gelegenheit und eine Brille mit Schutzfak-
tor gegen zu hohe Trinkgelder.

Sie packt ein:

einen schlafwandelnden Anzug, zehn Paar Socken für kalte Nächte, diese indigo Tabletten mit viel Glitzer drauf, den Song des Mondregenbogens, eine App für Gestrandete, eine rosa Tube für jede Gelegenheit, eine Brille mit Schutzfaktor gegen zu hohe Trinkgelder und ein total, total anderes Ich.

Alptraumprinzessin

Wieder und wieder
fällt sie nieder.
Auch im Traum ist Nacht.
Der Wald im Rücken.
Der Mond zwischen
Wolken aufgehängt.
Ein Drohen
in der knisternden Luft.
Ach, könnte sie fliegen!
Sie hetzt übers Feld,
ein angstvoll Tier.
Es droht
der große Donnerschlag.
Flieh, Prinzessin, flieh!
Schützend
ein Haus vor ihr.
Doch im Haus
war schon Krieg.
Das Haus ist abgebrannt,
es gibt kein andres
hier im Land.
Der Donner lauert.
Retten, nur retten!
Auf die Schwelle
stürzt sie nieder.
Die Schwelle ist schwarz.
Die Luft riecht elektrisch,
nach brennendem Harz.
Donner, Herz von oben!

Sie weiß und weiß nicht:
Ist sie getroffen
vom mächtigen Schlag?
Erst jetzt schreckt sie auf –
mit Tageslicht auf ihrem Gesicht.

Eisprinzessin

Rechtslinksrechtslinks.
Es war einmal
eine Prinzessin,
grün gestrickt
auf Kufen – in Kreisen
leise knirschend
auf dem Eisfeld
im Wald.
Rechtslinksrechtslinks.
Arme ausgebreitet
wie Äste,
folgten ihre Schuhe
der Einladung
der Figur der magischen Acht.
Das Licht war unerträglich
gleißend und roch
nach zerkratzter Kälte
und Gummibodenbelag.
Rechtslinksrechtslinks:
und immer wieder
diese Mitte,
zu der sie flüchtete.
Rechtslinksrechtslinks:
und immer wieder
diese Mitte,
aus der sie floh.
Sie wusste noch nicht,
dass sie Erinnerung erschuf,
als ihr Blick schwenkte
vom Wald zur Tribüne,
und von der Tribüne zum Wald.

Nebelprinzessin

Es ist, wie es ist,
wenn die Prinzessin vergisst.
Sie hat ein Faible
fürs Schreiten im Nebel.
Wie seltsam schön,
nicht richtig zu sehn!
Nur Wolkenschlieren,
die sich verlieren.
Jeden Schritt
zählt sie mit,
und Stück für Stück
lässt sie Zeit,
lässt sie Gedanken
zurück.
Dann bleibt sie stehn:
Der Traum ist weiß.
Geschichte ist fort.
Zukunft kein Ort.
Alles verhüllt.
Nur von Atem erfüllt.
Die Nähe ist weit –
in tiefer Geborgenheit.

Frühlingsprinzessin

Ein Himmel
aus Seide
will aus dem Winter
blauen.
Darunter ein Korb
aus Weide.
Sie hat ihn geflochten
im Frühling des Vertrauens.
Der letzte Schnee
liegt wartend noch
und will nicht tauen.
Sie ist verrückt,
zwar nur ein bisschen,
und sucht im ersten Grün
die Himmelsschlüssel.
Sie riechen wie von fern
und blühen
zart und gelb
und Stern für Stern
nun im Geflecht von Weiden.
Jede Blume ein Schlüssel.
Jede Blume ein Kind.
Schützend hält sie
die Hände drüber.
Verwegen tanzt der Wind,
und zwischen all den Lämmerwolken
ist sie die Schäferin.

Wunderprinzessin

Wunder überall.
Aus Wasser
glitzert ein Ball.
Ein Tropfen,
ein All.
Und die Prinzessin
spricht mit Engeln.
Das Frühsommerlicht
sich hellrot
in Tulpen bricht
und in sattgrünen
Stängeln.
Es bringt
um den Verstand,
das Leuchten
der Tulpenwand.
Die Prinzessin
dreht ihre Hand:
Alles ist möglich,
folgt sie den Linien
bis in ihr Zauberland.

Christine Keller (*11.8.1959) ist Mutter eines Sohnes und lebt mit ihrem Mann in der Schweiz.

Sie arbeitete als Lehrerin und studierte Germanistik an der Universität Zürich. Ab 2000 war sie vermehrt selbstständig tätig als Farbenforscherin (»Die Regenbogenlogik, eine ganz andere Farbenlehre«) und als sensitive Lebensberaterin.

Künstlerische Tätigkeiten wie Malerei, Fotografie und Lyrik begleiten sie durchs Leben. Die beiden Foto-Lyrik-Bände »Baum-Sommer in Zürich« und »Baum-Winter in Zürich« (Eigendruck, 2000/2001) erlebten mehrere Auflagen.

2015 erschienen die Parodien »Rent a Mantra« (Edition Punktuell, Schwellbrunn), 2017 der Gedichtband »Lass zwei Kirschen IN ZEITLUPE in Schokokrem fallen« (Eigendruck) und 2019 das Romandebüt »Blowing Across« (Science Fiction, Franzius Verlag) sowie die alternativ-humoristische Sammlung »Lila Märchen gegen den Blues« (www.literaturprojekte.com).

Der vorliegende Zyklus »Lyrik mal Pi – eine Prinzessin hat viele Gesichter« verbindet zarte, nachdenkliche und provokative Seelenbilder. Lassen Sie sich von Christine Kellers Sprachkunst verzaubern!

Facebook: Christine Keller: Bilder & Texte